Poemas de Amor: ¿Serás Tu?

Love Poems:
Are You The One?
(en Español)

Autor: Steve Ryan
Traducido por: José Raúl Ayala

©Copyright 2014 by Steve Ryan
Poemas de Amor: ¿Serás Tu?
Love Poems: Are You The One? (En Español)
ISBN-13: 978-0615952130 (Steve Ryan)
ISBN-10: 0615952135
Published by: Steve Ryan Publishing

Índice

Introducción 5

Capítulo 1 - Soñando con el amor 6

¿Dónde estás tú la persona de mis sueños? 7
Imaginando el amor 8
Discúlpame por confundir las cosas 9
Mi sueño de amor 10
¿Cúal es el problema? 11
Cansado de soñar con el amor 12
El encuentro inesperado 13
¿Se podrá salvar lo que un día fue? 14
¿Debo mantener la esperanza del amor? 15
En mis sueños te conocí 16

Capítulo 2 – Enamorarse 17

¿Podemos hacer que esto dure? 18
Un verdadero romance 19
El sublime aroma 20
Un día festivo dedicado al amor 21
Destinados a encontrarnos 22
Cuando nos conocimos por primera vez 23
Eres la única 24
Siegues siendo la misma aunque el tiempo pase 25
El amor se apodera de mi 26

Capítulo 3 – La relación … 27

¿Le pediré matrimonio? 28
Ven y platica conmigo 29
Nuestra armonía de amor 30
¿Qué estás pensando? 31
¿Me necesito preocupar? 32

Solo tú 33
Te comprometerás o te dejaras vencer? 34
Ámame o déjame 35
Amo nuestros momentos 36
No me estás valorando 37
Capítulo 4 – Desamor 38
Ya basta, esto se acabo 39
Mi corazón sangra 40
Tu manera de engañar 41
¿Por qué me lastimas? 42
Es hora de marcharme 43
El enojo dentro de ti 44
Historia de amor 45
Has revelado la verdad 46
El comienzo del final 47
Estoy dispuesto a cambiar 48
Capítulo 5 - ¿Solucionarlo u olvidarlo? 49
Caminar por el parque 50
Adiós amor, adiós 51
¿Será un error? 52
Te extraño 53
Dejé atrás el enojo 54
Tengo que dejarlo atrás 55
No me digas 56
Todavía te amo 57
Tu juego de amor indeciso 58
Reconectándote con tu energía 59
Conclusión 60

Introducción

"Poemas de Amor: ¿Serás Tú?" (Love Poems: Are You The One?) se profundiza en el corazón del amor. Estos poemas y reflexiones están escritos de una forma con la cual la mayoría de las personas se podrán identificar. Hay demasiadas preguntas sobre el amor que la gente se hace y estas son algunas de ellas. ¿Cuándo encontrare a "el único(a) persona para mi"? ¿La persona con la que estoy será "el único(a)"? ¿Funcionaremos como pareja? ¿Qué siente esa persona hacia mi? ¿Qué piensa sobre mí? Este libro aborda todo tipo de situaciones amorosas. Y contestará muchas de las preguntas que la gente se hace.

La mayoría de las personas ya han vivido algún tipo de experiencia relacionada con el amor. Algunos son afortunados y encuentran a la persona correcta y viven el resto de sus vidas con esa persona. Otros, no corren con la misma suerte y llegan a vivir experiencias desde enamorarse hasta el desamor. Y después del desamor, surgen esas preguntas, "¿Se Podrá Solucionar"? o "¿Lo(a) debo olvidar"? "Poemas de Amor: ¿Serás Tú?" (Love Poems: Are You The One?) abordará todas estas experiencias y los ciclos por los que se pasa en estas situaciones.

Este libro ha sido dividido en cinco capítulos; Soñando Con El Amor, Enamorándose, La Relación, El Desamor y ¿Solucionarlo u olvidarlo?. Cada capítulo tiene algunas palabras de sabiduría acerca del tema al principio del capítulo. Después de estas palabras de sabiduría le seguirá una colección de poemas acerca del tema que se abordara en ese capítulo. Se encontrarán poemas que se podrán disfrutar, pero al mismo tiempo tendrán mucho conocimiento. Así que a disfrutar de la experiencia y comienza tu viaje a través de "Poemas de Amor: ¿Serás Tú?" (Love Poems: Are You The One?).

Capítulo 1 - Soñando con el amor

La etapa de Soñando con el amor es un territorio que se frecuenta muy seguido. Es aquí donde la gente fantasea de cómo será la persona indicada para ellos. Aquellos que no están en alguna relación, se preguntan si acaso encontraran alguna. Otros que están en relaciones y no son felices o se sienten insatisfechos, se preguntan si la persona con la que están es la correcta o no, y cuando encontrarán a esa persona.

¿Cómo es la persona correcta? La gente tiene diferentes percepciones acerca de esto. ¿Es él o ella la persona de mis sueños? ¿Será solo algo físico? ¿Es algo mas que solo lo físico? ¿Tendremos una conexión emocional o espiritual más profunda? Después de encontrarme con tanta gente en mi camino y ver diferentes situaciones, me he dado cuenta que "la persona correcta" puede variar dependiendo de cada persona.

La gente crece y evoluciona. ¿Alguna vez te has sentido que no te atrae lo que algún día lo hizo? O tal vez lo contrario, ¿Ahora te atrae lo que alguna vez no te atrajo en el pasado? ¿Tal vez ahora quieres a una persona más alta o baja? ¿O tal vez te atrae una personalidad diferente a la que alguna vez te atrajo? ¿Tal vez quieres a alguien que sea más social o a alguien que es más introvertido?

Una cosa que mucha gente tiene en común, y esto puede ser que te tome o no de sorpresa; es que siempre nos sentimos atraídos hacia alguien que nos parece un reto. Estoy seguro que esto no ocurre en el caso de todos, pero seamos honestos; está en la naturaleza humana para muchos querer lo que piensan no poder tener. Y así, es como empezamos Soñando con el amor.

¿Dónde estás tú la persona de mis sueños?

Te puedo ver
Tu imagen esta en mi mente
Nos hemos visto en mis sueños
Pero jamás te he tenido de frente

Puedo ver tu belleza
Y en muchas formas me excita
Es algo tan fuerte
Que este sentimiento me lo grita

Puedo vernos juntos lado a lado
Eres todo para mí, y mi corazón está abierto para ti
Puedo ver como la vida se acomoda
Y también como escogemos nuestros anillo de boda

Tú eres para mí y yo soy para ti
Esta chispa que sentimos me lo dice a mí
Cuando estoy cerca de ti, no hago más que sonreír
Tú me completas y hasta un hijo quisiera yo de ti

El amor que tenemos no es algo común
La pasión que sentimos hace nuestros ojos brillar
Y el día que nos conozcamos, esta será nuestra verdad
¿Dónde estás tú, en donde te puedo encontrar?

Imaginando el amor

Trato de imaginar el verdadero amor
¿Cómo será? ¿Cuándo llegara?
¿Sentiré esas mariposas que dicen?
¿O será un mito y algo que no existe?

¿Qué tal si me sorprende?
Y hasta una familia tendré de repente
¿Me tomara de sorpresa?
¿Me sacara de la tristeza?

¿Qué tal si es diferente?
O si llega por la noche, ¿qué es lo que voy a decir?
Me imagino ese día tan frecuentemente
Que hasta que lo vea, será un misterio para mí

No sé cómo pasará
Pero tendré que tomar algún tipo de decisión
Si me concentro en mejorarme a mí mismo
Tal vez en verdad llegara el amor

Mientras esto pase, tengo a mi imaginación
Y en ella puedo ver el verdadero amor
Puedo vernos caminando en la playa
Y yendo de la mano hasta que caiga el sol

Te tomaré en mis brazos mientras la luz de la luna cae
Y con mi calor te protegeré del viento que la noche trae
Seremos tan felices y nos amaremos sin control
Y dormiremos juntos hasta que salga el sol

Me imagino un día así con mi verdadero amor
Llega ya y abraza mi corazón
Aun no te conozco y ya te extraño
Ojala que llegues antes de que termine el año

Discúlpame por confundir las cosas

Nos conocimos hace poco
Y el encuentro fue muy bueno
Pero me siento algo confundido
Tal como si esto fuera algo prohibido

Fue una conexión tan agradable
Ya que eres una persona muy deseable
Y nada malo pude encontrar en ese encuentro
¿Sera algo muy bueno para que pueda ser cierto?

Me puedo imaginar enamorándome de ti
Pero soy un idiota, y en ese momento me aleje de ti
Me sentí distante y callado me quede
Deje que el temor me controlara y no supe que hacer

Yo sé que tal vez te preguntas que paso
Pero no hiciste nada malo, simplemente por sorpresa me tomó
Tal vez será que en mi propio sueño me quede atrapado
Por fin llegaste y no era como me lo había imaginado

Tenía una idea de cómo sería el verdadero amor
Y aunque eras tan cerca a esa realidad
Para ser honesto, me asustó
Paralizado me quedé y no lo pude ni creer

¿Qué debo hacer?
¿Qué debo decir?
No espero que lo entiendas
Simplemente lo quiero sentir

Discúlpame por confundirme
Sé que estoy equivocado
No quise lastimarte
Por favor entiende que yo solo siempre he estado

Mi sueño de amor

Sueño e imagino
Que encontrare a mi otra mitad
Pero cuando te encuentre
¿Qué será lo que te diré?

Quisiera encontrar el paquete completo
¿Pero podré ofrecer lo mismo yo?
¿Que acaso es malo querer la belleza por dentro y por fuera?
Solo quiero disfrutar a mi pareja por toda una vida entera

¿Sera fácil conversar contigo?
¿Podré bajar la guardia?
¿Podrás ver dentro de mi corazón?
¿Podrás ver que nada te esconderé yo?

¿Tendré que sacrificar lo que quiero yo?
Todos tenemos defectos, ya que nadie es perfecto
¿Acaso llamarás mi atención?
¿O me perderé en mi propia ilusión?

Estas son algunas de las preguntas que entran en mi mente
Cuando veo el amor en tanta gente
Ansiosamente espero que se cumpla mi visión
Mientas exploro libremente en este sueño de amor

¿Cúal es el problema?

¿Amor, porque por mi no has pasado?
¿Será que en algo yo me he equivocado?
¿Porque siempre has mandado a la persona equivocada?
¿Será este el karma el que habla?

¿Estoy siendo castigado por mi pasado?
¿Tal vez la oportunidad ya se pasó?
Entonces no me sentía preparado
Para enfrentar a el verdadero amor

Ahora que estoy listo
Nadie llama mi atención
No siento ese fuego
Y la belleza sola, no llena el corazón

Hace falta otra sensación
Algo que llegue muy dentro al corazón
Mientras tanto, no me daré por vencido
Ya que paciente hasta ahora he sido

Esto se ha vuelto complicado
Algo ya tendría que haber pasado
A veces me quiero dar por vencido
¿Sera que no seré correspondido?

Cansado de soñar con el amor

A veces me he cansado de soñar
Tal vez necesito descansar
Se ha vuelto una costumbre
Y últimamente esto me aburre

¿El amor será una exageración?
¿Existirá la felicidad?
¿El amor en verdad llegará?
¿O un deseo solo será?

Mis pensamientos se han vuelto estresantes
Pensando en todo tipo de posibilidades
¿Sera que me he vuelto algo impaciente?
Ya que solo quiero que pase de repente

Es difícil escapar del amor
Cuando todo mundo habla de el
En la radio, el cine y el televisor
No se puede escapar cuando siempre está alrededor

Me pregunto si el deseo es algo inventado
Por todo lo que se ve.
Si el amor es imaginado
¿O simplemente soñado?

Tal vez un día se me pueda contestar
Ya que con la duda no me quiero quedar
Y que a mi vida pueda llegar
De lo que todos suelen hablar

El encuentro inesperado

Cuando te conocí
Te besé por primera vez
Fue algo inesperado
Algo mágico y soñado

Después te marchaste
Y pensé que tu número había guardado
Sin imaginarme que lo había extraviado
Como hubiera deseado que tu vuelo se hubiera cancelado

Ahora no te puedo encontrar
No sé ni tu apellido
No sé ni por dónde empezar
Es un amor perdido, y me siento tan arrepentido

Fue algo en ti
Y no te puedo sacar de mi mente
Ya no sé qué hacer
¿Será que algún día nos volveremos a ver?

Cómo he deseado que mi numero hubieras guardado
Pero tu teléfono ya estaba descargado
Y no puedo creer el error tan grande que cometí
Y ahora solo canciones tristes canto por ti

Este amor se perdió
Y en mis sueños solo estás
¿Será que en mi futuro tú estarás?
¿Vida, será que tú sabrás?

¿Se podrá salvar lo que un día fue?

¿Estoy mal en haberme enamorado de alguien más?
Yo sé que un día a ti me comprometí
¿Qué es lo que yo puedo hacer?
No sé por qué me ha pasado esto a mi

Quisiera que esto lo pudiéramos solucionar
Pero al corazón no lo podemos engañar
Yo de ti no me siento enamorado ya
No me valoraste y yo necesito más

Seguir enamorado no puede ser más que una rutina
Al amor se le tiene que dar vida
Al negarle vida, su belleza no se mostrará
Y tal como una flor, se marchitará

Haz cambiado tu forma hacia mí
No se habla como antes, y se vive una mentira
Simplemente asumes y raramente se suspira
Yo me siento prisionero y esto no es lo que yo en verdad quiero

Esta situación ha abierto la puerta en mi corazón
Y ahora tengo sueños con otra persona
Pero no te preocupes, ya que jamás te traicionaría
Soy fiel, soy honesto y se bien que no debería

Algo debemos cambiar o solo vamos a terminar
Nuestra relación desde cero tenemos que empezar
Espero que estés dispuesta a este nuevo comienzo
Porque si no, nuestro amor se habrá muerto

No quiero lastimarte ni tampoco a mí.
En verdad seamos honestos y analicemos bien los sentimientos.
Quiero que sea para toda la vida, quiero que duremos
Por favor pon de tu parte y veras que al final juntos llegaremos

¿Debo mantener la esperanza del amor?

¿El verdadero amor existirá?
¿O será solo producto de nuestra imaginación?
Cuando me enamoro
Estas son algunas de las preguntas que me hago yo

¿Cómo sobrevive el amor y como sobrellevar la tormenta?
¿Qué será lo que todo esto representa?
Estoy tratando de encontrar las respuestas
¿Qué es esto del verdadero amor?

¿Por qué es que nos podemos enamorar en un minuto?
Y al próximo, desenamorarnos
¿Qué quiere decir todo esto?
¿Fue real desde el comienzo?

Me pregunto esto por experiencias propias
Ya que ha sido más de una vez que me he enamorado
Cuando pensaba que esa era la persona correcta
En un abrir y cerrar de ojos, el final estaba cerca

La búsqueda del amor es como un gran misterio
Se tiene que tener paciencia y se tiene que tomar en serio
Yo no sé si podré hacerlo una vez más
Enamorarse y desenamorarse, ¿será que tú podrás?

¿Qué querrá decir todo esto?
¿Será la vida y el amor todo un juego?
Admito que a veces es divertido
Pero este subir y bajar, muy cansado ha sido

Creo que seguiré mi camino
Que tan mal puede ser el tener un poco de fe
Si te encuentras por ahí y en verdad existes
Necesito que salgas de la oscuridad y por fin te muestres

En mis sueños te conocí

Anoche me desperté de un sueño muy profundo
Y me puse a pensar en lo que había visto
Veía tu rostro mientras te sujetaba fuerte
Eras como una estrella y no podía dejar de verte

Aun siento el calor que compartíamos
Mientras te tomaba en mis brazos
Me sentía tan afortunado
Y sentía como me desarmabas con tu encanto

Eres la única para mí
Eres mi princesa, eres una diosa
No hay nadie como tu
No era nadie más, solo eras tu

Así es como te siento yo
Ve dentro de mí y también lo veras tú
Nuestro amor es real, nuestro amor es profundo
Y por ti cualquier montaña movería en un segundo

Desearía que fuera una visión
Lástima que solo fue un sueño
Ansió hacia ese futuro
Y espero que sea eterno

No puedo esperar a conocerte
Y que nuestras almas por primera vez se encuentren
La vida de felicidad estará llena
Y nuestra espera habrá valido la pena

Capítulo 2 – Enamorarse

Enamorarse en un sentimiento increíble. Yo mismo lo he vivido antes; hay demasiadas emociones cuando te enamoras de primero. Y esto es algo que muchos lo quieren y lo desean. Solo imagínate cuantas canciones de amor, películas, entre otras cosas hay acerca de este tema. Es uno de los temas más hablados. El poder sentir que puedes tener una pareja por el resto de tu vida o tan solo el pensar en eso puede ser algo muy emocionante.

Cuando yo mismo me enamore en el pasado, me hacía algunas preguntas ¿Lo que estoy sintiendo será real? ¿En verdad me estaré enamorando o será solo la emoción de conocer a una persona nueva? Y de pronto, había un pajarito diciéndome al oído ¿será esto algo que pueda funcionar o solo terminarás lastimado?

Mucha gente también le teme a la idea de enamorarse. Algunos ignoran el miedo y deciden darlo todo. Otros se sienten confundidos y empiezan a dar señales confusas ya que el corazón pelea con lo que piensan. El corazón pide que se dé una oportunidad, mientras su mente les dice que corran.

Yo no creo en dejar que el miedo controle lo que sientes. Pero al mismo tiempo, creo que las experiencias del pasado pueden ayudar para que así puedas tomar mejores decisiones en el futuro. Si te estás enamorando en este momento, mi consejo para ti es que lo disfrutes. Vive cada momento y vívelo día a día. Pero también presta atención a las señales y a las pistas que esta experiencia te regala.

Si tu mente y tus instintos se alinean con lo que siente tu corazón, lo más probable es que esta sea una buena situación para ti. Pero si algo no se siente bien, presta atención a todas esas señales de alarma. Pues estas te ayudarán para que así puedas decidir si debes continuar o salir de esta situación. Estos son algunos pensamientos acerca del enamorarse.

¿Podemos hacer que esto dure?

Desde el primer día que nos conocimos
Hemos pasado mucho tiempo juntos
La conexión entre nosotros es como un huracán
Hace revolver todos esos sentimientos de amor

Creo que nos estamos enamorando
Eso no lo podemos negar
La forma en la que somos el uno con el otro
Resulta tan normal

Cuando estamos separados
No puedo dejar de pensar en ti
¿Sera que sientes lo mismo por mí?
Tenía la duda pero lo has confirmado

Sentimos lo mismo
Y nuestro amor apenas comenzó
He esperado esto por tanto tiempo
¿Que puedo decir? tu amor me enamoró

Creo que vamos a un buen ritmo
Las cosas no van tan rápidas
Vamos por el buen camino
Y así será nuestro destino

Un verdadero romance

Cuando nos vemos el uno al otro
La química está ahí
Hasta los pensamientos se sienten
Y siento yo, lo que tú sientes por mí

Nos atrapamos en un sueño
Y el pasado desaparece
Deja de importar lo que un día pasó
Ya que de nuevo se abren las puertas del amor

Contigo todo es fácil de decir
Podemos sentarnos y platicar todo el día.
No hace falta ni preguntar lo que por tu mente está pasando
Y la fluidez con la que hablas hasta el tiempo se pasa rápido

Me encanta estar contigo
Y cada vez al vernos es como la primera vez
Haces que mi corazón se mueva
Tan solo con la forma en que me vez

Al acariciar nuestras manos
Se demuestra que el amor existe
Es parecido como a estar en un trance
Pero esto es real, esto es un verdadero romance

El sublime aroma

Qué bello es ese aroma
Un olor tan natural
Es algo que llena el aire y me hace enamorar
Y ahora ya en ti, no dejo de pensar

Cuando estas en mi presencia
El paraíso llega a mí
Y se llena el corazón con la ilusión
De que siempre será así

Veo en tu interior
Y defines la verdadera belleza
Haces que sea algo tan natural
De lo que ya no me puedo separar

Qué bello es ese aroma
Es como el aire puro
Tenemos el resto de nuestras vidas
Y no solo estos segundos

Es nuestro comenzar
El principio de nuestro amor
Nuestro amor hay que cuidar
No lo dejemos apagar

Un día festivo dedicado al amor

Haz cantado desde ayer
Y han sido solo canciones de amor
Ha sido como escuchar el canto de un ángel
Y el día de hoy puedo decir que mi barrera se rompió

¿Qué has hecho de mí?
Que ya no puedo ni dormir
Te quiero cerca, necesito de ti
El tenerte a mi lado, ha sido como un regalo

El día que dijiste "te amo"
No pude ni hablar, simplemente me quedo congelado
Cuando no pude responder, mal me sentí
¿A cazo te aleje? ¿O será que te ofendí?

Al fin pude hablar, y te pude decir
Que con tus palabras, hasta débil me hiciste sentir.
Tú me supiste escuchar
Y fue entonces que nos comenzamos a besar

Me siento feliz de compartir nuestro amor
Ya que tu y yo juntos, hacemos una explosión
No hay nada ni nadie que se oponga, tuyo soy
Así que hagamos un día festivo, el día de hoy

Destinados a encontrarnos

¿Puedes creer que ya planeamos nuestra boda?
Nos conocimos hace tres meses, es como si la vida se acomoda
Me siento tan envuelto en este sentimiento
Es algo tan real, no podría ser más perfecto

Siempre me tomé mi tiempo
Y nunca me había apresurado
Pero algo en ti me ha cambiado
Es como si en mi vida siempre tú hubieras estado

Fue como si nos conociéramos desde siempre
Cual si hubiéramos estado juntos, una década en sólo unos segundos
Cuando te vi por primera vez, hasta mi sonrisa se hizo notar
Y ese sentimiento en mí, no lo pude evitar

Hablaste de nuestro futuro el primer día
Y para mi sorpresa también era lo que yo quería
No pudiste haber llegado en mejor momento
Nos conectamos y todo fue perfecto

El encuentro fue instantáneo
Como si estuviéramos destinados a encontrarnos
Hasta el día de hoy vamos de la mano
Dando la bienvenida al futuro sin dudarlo

Cuando nos conocimos por primera vez

Cuando nos vimos por primera vez
Fuimos envueltos en la magia
Encajamos sin querer
Y hasta el día de hoy me da nostalgia

Mi mano tú tomabas
Mientras veía tus ojos
El primer beso me sorprendió
Y sentí entonces como el amor a mi llegó

Cuando te tomé por primera vez
No me quise de ti soltar
Fue como un sueño, pero tan real
Del cual yo nunca quiero despertar

El estar juntos
Nos hace sonreír.
Tu sonrisa se queda conmigo siempre
Yo me emociono solo al verte

Cuando escucho tu voz
Haces que comience a derretirme
Es algo limpio y puro
Y no puedo detenerme

Cuando beso tus labios
No me puedo contener
Solo siento esta profunda pasión
Que desde el primer día no la puedo detener

Eres la única

Tú eres la única persona
En la que pienso yo.
Brillas como un cielo estrellado
Y yo de ti me he enamorado

Desde el primer momento
En que yo vi tu cara
Sentí claramente
Como todo se acomodaba

Cuando por primera vez te besé
No había dudas en mi mente
Esto no fue un accidente
Al fin ya te tenia de frente

El tiempo pasó
Y tu corazón con el mío arrasó
Ahora el mundo entero eres para mí
Y tú me has hecho sonreír

Nos mantendremos centrados el uno al otro
Y nada malo se interpondrá entre nosotros
La honestidad siempre estará presente
Y tú siempre serás, la única en mi mente

Siegues siendo la misma aunque el tiempo pase

¿Por qué será que me gustas tanto?
¿Qué es lo que haces tú conmigo?
¿Será la magia de tu roce?
¿O será que mi corazón te reconoce?

Cuando te conocí por primera vez
Jamás me lo pude imaginar
El sentimiento me tomo por sorpresa
Y de pronto estábamos juntos, sin poderlo pensar

Mis recuerdos son borrosos
Ahora y entonces también
Un año ya pasó
Y el sentimiento solo creció

Nuestro amor sigue siendo igual
Y nuestra fuerza no ha cambiado
Pero aunque de sorpresa me haya tomado
Yo por siempre lo había esperado

¿Es normal sentirme así como la primera vez?
Espero que así sea hasta que lleguemos a la vejez
Que nunca nos dejemos de besar como lo hacemos
Y que cada momento siempre lo disfrutemos

El amor se apodera de mi

He estado sentado aquí
Pensando en cuando regresarás a mi
Solo han sido horas desde que te toqué por última vez
Y no he dejado de extrañar tu desnudez

No me puedo concentrar
Ni de mi mente te puedo sacar
Solo pienso en lo último que quisiste aclarar
Que estás enamorada de mí, y ya no lo pudiste ocultar

Me tomó por sorpresa ya que yo siento lo mismo
A tu lado me quiero unir y contigo siempre quiero vivir
En este momento los dos vivimos separados
Pero creo que ya es hora que un hogar construyamos

Con ansias siempre espero tu regreso
Y por la forma en la que actuamos, es como si estuviéramos casados
Tu ropa está aquí y de un tiempo para acá, te quedas a dormir
Regresaras esta noche, y mañana te volverás a ir

Cuando estamos juntos me siento libre
Y cuando no estás aquí me siento preso
Los sentimientos son mutuos
Y eso, no me lo dice el viento

El amor se apodera de mí
Y no sé si sea verdad o no
Pero los dos somos tan intensos
Y los dos, somos así

Capítulo 3 – La relación

Si en estos momentos estas en una relación, ¿cómo la sientes? Ya debes saber que una relación toma de mucho empeño para que sea exitosa. Las relaciones tienen diferentes etapas; encuentras a esa persona, la(o) empiezas a conocer, comienzas a salir y eventualmente se hacen una pareja. La velocidad en lo que esto puede ocurrir, y las expectativas de cada uno varía dependiendo de la persona y la situación.

Hay algunas dudas que se nos vienen a la mente cuando estamos en una relación. ¿Puedo confiar en esta persona? ¿Será que duraremos? ¿Será fiel? ¿Tendrá el potencial para que pueda durar? No hay forma de saber todas estas respuestas ya que todas las relaciones tienen diferente dinámica y siempre hay diferentes niveles de compatibilidad, diferente personalidad, también depende mucho del nivel de conexión y sobre todo de la confianza que existe entre ustedes.

En mi opinión, yo creo que las relaciones duran más cuando ambos pueden aceptar a sus parejas tal y como son. Una de las cosas que he visto muchas veces, es que las relaciones no duran mucho cuando una de las personas trata de cambiar a la otra. Esto lleva como consecuencia a las personas a sentirse menospreciadas. También muchas veces se trata de imponer control sobre alguien y esto llega a crear un desequilibrio en la relación. Simplemente dos personas encajan o no. No me lo tomen a mal, los cambios también pueden ser buenos. Pero, cuando esta llega a ser una situación en la que se llega a forzar a alguien a cambiar, ahí si hay un problema.

La clave de toda relación es una buena comunicación, el aprender a entender a tu pareja y aceptar que no todo va a ser perfecto. Si todo esto se habla y se establece y si la persona no está teniendo un impacto negativo en tu vida, entonces esta relación tiene un muy buen potencial para que pueda funcionar. Y es así como nos introducimos en "La relación".

¿Le pediré matrimonio?

He estado sentado aquí en esta interminable espera
Dejando que el tiempo pase
Pensando en la próxima primavera
¿Le pediré matrimonio?
No hay nadie más especial en este mundo
Como lo es ella
Así que pediré su mano
Y le mostrare cuanto la amo

Ella ha estado conmigo en las buenas y en las malas
Y su paciencia en mí nunca falla
Así que he decidido demostrarle lo mucho que la quiero
Dándole la mayor muestra de mi aprecio
Siempre mantendré la llama encendida y no dejare que se apague
Y pase lo que pase, siempre estaré ahí para mostrarle
Cuando digo esto, no es una exageración
Ya que su amor incondicional hacia mí, es una inspiración

Me gusta hacerla sentir amada
Ya que se merece lo mejor de mi
He decidido hacerlo
Y pedir su mano al fin
¿Pero podrá una flor crecer sin ser plantada?
¿Sin echar más leña, se mantendrá viva esa llama?
No puedo esperar que ella sea diferente
Tendré que mostrárselo y amarla por siempre.

A demás, ¿qué es esto llamado dinero?
No te da la felicidad
Como lo hace el amor sincero.
La felicidad simplemente no se puede comprar
Y cuando la tenemos, pocas veces la sabemos valorar
Mejor haré lo correcto.
Le pediré matrimonio
Y así decirle que conmigo siempre la quiero.

Ven y platica conmigo

Ven y platica conmigo
Se lo que estás pensando
No quiero que estés disgustada
Y no quiero ver entre nosotros una distancia
Te estás haciendo la difícil
¿Por qué no lo puedes olvidar?
¿Cuándo te bajara el enojo?
A mí no me gusta pelear

Ven y platica conmigo
Deja que tome tu mano
No sé ni por que estas enojada
Pero quiero entender
Estábamos bien hace un momento
Y de pronto todo cambio
Te pregunto qué te pasa
Y solo veo una mueca en tu cara

Por favor ven y platica conmigo
Quiero componer lo que está mal
¿En verdad hay un problema?
¿O es esta tu manera de llamar la atención?
Creo que empiezo a entender que es esto.
Te gustan las reconciliaciones
Creo que sí, ya lo empiezo a resolver.
Te gusta crear peleas y echarlo todo a perde

Al fin decides hablar conmigo
Y me dices que está pasando
Estabas enojada por lo más simple
Y solamente querías un abrazo
Yo creo que te gusta que te ruegue
Y te gusta un poco de drama entre nosotros
¿Pero será que esto te hace sentir querida?
No te preocupes, para eso nuestra relación es sólida.

Nuestra armonía de amor

Amo cuando estamos en armonía
Cuando estamos bien hasta nuestro amor canta
Y aunque a veces estamos en diferentes tonos
Siempre cantamos la misma canción

Cuando nuestro amor está tocando en una nota mayor
Es cuando nuestros pensamientos se sincronizan
Vemos la imagen de ese futuro al que queremos un día llegar
Nos entendemos y vamos a la misma velocidad

Pero cuando el tiempo no está donde debe de estar
Es cuando perdemos el ritmo
Esos momentos nos toman de sorpresa
Y tenemos que frenar

Esto no quiere decir que tengamos que volver a empezar
Simplemente podemos seguir hasta que nuestras notas se reúnan
Ya que resolver problemas nos hace más fuertes
Y es así es como regresamos una vez más, a la misma nota

Otras veces tenemos que tocar en una nota menor
Y es ahí donde salen los detalles más pequeños
Es difícil entendernos en esos momentos, y empezamos a improvisar
Somos dos personas diferentes pero al final del día, nos entendemos

Normalmente me gusta todo lo que canta nuestro amor
Nuestra relación es sólida y nuestro amor es fuerte
Y aunque a veces no estamos de acuerdo
Nuestro amor siempre sobrevive

¿Qué estás pensando?

¿Qué piensas tú de mí?
¿En verdad aprecias mi compañía?
Quiero saber que estás pensando
¿Cuáles son tus planes y tus intenciones?

¿Crees que podamos durar por mucho tiempo?
¿O será solo este momento?
Necesito alguna señal
Saber que no estamos perdiendo el tiempo

Sé disfrutar el momento
Disfruto lo que tenemos
Pero a veces estamos en un limbo
Y es lo que me está confundiendo.

No quiero hacer nada
Ya que eso te alejaría
Pero necesito alguna confirmación
Quizá soy yo quien de aquí se iría.

He sido lastimado en el pasado
Así que me tengo que proteger
No seré tratado de esa forma otra vez
Así que ármate de valor y dame lo que he de merecer.

¿Me necesito preocupar?

Hemos estado juntos por algún tiempo
Y me he impuesto a tus modos
Se tus maneras y tus gustos
Pero me preocupa que has cambiado.

Ahora hasta tu teléfono escondes
Y te marchas a donde no te vea
Es una sensación muy confusa
Te muestras sospechosa

No soy el tipo de persona que me sienta inseguro
Pero has sido muy obvia con tu cambio.
No creo en confusiones
Pero tus acciones nos han quitado el encanto.

Me gusta ser sincero y muy derecho
Te he pedido que digas ¿qué está pasando?
En otras palabras; es hora de ser honesto. ¿Qué pasó?
¿Me necesito preocupar? Te tengo que dejar en paz?

No insistiere en preguntar por mucho tiempo
Confió en mí, y mi intuición nunca falla.
Me tienes que explicar las cosas pronto
No me voy a mortificar. Será mejor que me vaya.

Solo tú

Tu sonrisa es como el sol
Que brilla fuerte sobre el mar.
Tus ojos como la lluvia,
Que a mí me han de hechizar.

Tu corazón es como la luna
Que llena de su luz la noche.
Tu mente es como un árbol
Lleno de poder y fuerza.

Tu danza es como el viento
Me da paz por todas partes.
Tu roce es como una magia
Que trae algo relajante.

Tu risa es como el atardecer.
Una brisa en el verano.
Tu hablar es como una isla
Con su belleza todo el año.

Ser quien tú eres es hermoso
Y así siempre deberías quedarte.
Creo que eres genial
Y nada debes cambiarte.

Te comprometerás o te dejaras vencer?

Mi amor, no sé qué decir o que hacer.
Estoy en una posición en la que me encuentro confundido.
Me das muchas señales que dicen que estas lista para comprometerte,
Pero la realidad es que quiero complacerte.

Veo que estas feliz con las cosas como están
Solamente dejas que tu corazón de lo suficiente.
Tengo que protegerme a mí y mis intereses,
Y no puedo estar en un juego donde tú solo pretendes.

Sé que hay un amor que es mutuo y no descansará.
Pero al final del día, mis preguntas solo me llevan al estrés.
Y comienzo a preguntarme en qué tanto signifíco para ti.
En que si lucharías por mi amor si lo estuvieras perdiendo.

¿Llorarías si decidiera marcharme?
Me pregunto qué decisión tomarías.
Amor, mi corazón se está partiendo.
No puedo quedarme donde no hay ni punto de partida.

No he tomado una decisión todavía.
Quiero hacerlo con total precisión.
No quiero marcharme si veo que tenemos una oportunidad.
Ya que algunos días esto parece romance en realidad.

El corazón me manda señales.
Aunque tu boca diga no a una larga relación conmigo.
Tus acciones dicen sí a un comienzo eterno.
Así que te dejaras vencer o ¿te comprometerás conmigo?

Ámame o déjame

¿Sera solo mi imaginación?
¿Serán estas lágrimas injustificadas?
Me haz confundido con nuestra conversación.
¿Nos arrepentiremos después?
Ojala nos pudiéramos comunicar mejor
Y me dijeras cómo te sientes en realidad.
Que me dijeras que está pasando
Y me dijeras la verdad.

Siento amor de parte de ti.
Cuando nos besamos y cuando me tocas.
Podemos estar juntos por horas.
Y nunca nos cansamos aunque sea por mucho tiempo.
No sé qué hacer.
Sólo alejarme de ti.
Y si mi amor quieres en verdad,
Tendrás que luchar por el antes que nos alejemos más.

No dejarás que salga por esa puerta
Sin llorarme que solo quieres amarme más
Y tú ya sabes mi posición
Y nuestro destino queda en tu decisión.
Dejaré nuestra relación en tus manos
Queda en ti si quieres felicidad.
Se lo que quieres en tu corazón
Pero es hora que me convenzas que hay una oportunidad.

Así que si me amas, por favor toma las cosas con calma.
Prefiero amarte a distancia,
Que odiarte a solo centímetros.
Ámame o déjame

Amo nuestros momentos

Cuando veo en tus ojos
Me siento completo.
Haces que mi corazón palpite fuerte
Y solo latidos fuertes siento.

Me has hecho sentir de muchas formas
Sentimientos nunca antes vividos.
He tenido amor en el pasado
Pero solo he amado contigo.

He amado cada momento
Y cada minuto contigo es magnifico.
Pero siento como mi verdad pelea con mis verdades.
En mis adentros hay un conflicto.

Cuando nos besamos, te siento muy tierna
Haces que mi corazón se desarme.
Y cuando nos tocamos siento esa sensación
La intensidad crece ¿cómo resisto esta tentación?

Una parte me dice que todo esto fue muy rápido
Pero esta conexión va a durar.
Desde el primer día, ha sido fácil platicar.
Y una vez que nos tuvimos confianza, no cambio tu manera de pensar.

No me estás valorando

Tú tienes esa idea
De que me puedes tratar como quieres.
Pero aunque el amor es algo poderoso,
Necesita que lo alimentes.

Espero que de mí no salga este enojo.
Que en estabilidad continuemos.
Solo necesito de ti un poco de esfuerzo.
Un poquito de tu aprecio.

Normalmente soy buena persona
Pero eso no quiere decir que sea ingenuo
Me tienes en un limbo.
Un problema continuo.

Empieza ya a valorarme,
O me marcharé.
Y esto no es una amenaza
Simplemente busco esperanza.

No valoras mi cariño.
Y si seguimos por este camino,
No habrá amor que lo pueda sostener.
Y ese final no lo podremos detener

Capítulo 4 – Desamor

El desamor es una de las emociones más dolorosas que se puede llegar a sentir. No le desearía ese tipo de dolor a nadie. Para empezar es muy difícil encontrar a la persona correcta. Cuando también se pasa por el desamor solamente se crea miedo, inseguridad, entre otros obstáculos que solo hacen daño en futuros acercamientos con el amor. ¿Alguna vez te han engañado? ¿Alguna vez has engañado tú? Y si acaso sí lo hiciste, ¿qué te llevo a hacerlo? Estas son solo algunas de las cosas que pueden llevar al desamor. El desamor también puede causar mucho dolor y sentimientos de perdida cuando termina una relación.

Es difícil saber cuándo terminar una relación. Antes de que terminara en mis relaciones pasadas, me preguntaba algunas cosas. ¿Será lo correcto? ¿Me estaré precipitando? ¿Debería de tratar de salvar esta relación? Aunque me haya hecho estas preguntas, el rompimiento siempre era inevitable.

He visto muchas maneras en la que la gente maneja el desamor. Algunos corren hacia otra persona inmediatamente para poder olvidar a la anterior. Otros se toman su tiempo para sanar y necesitan de tiempo para poder llegar a confiar de nuevo. Personalmente, cuando me ha tocado el desamor, me tomo mi tiempo para sanar del daño y simplemente decido cerrar ese capítulo. Normalmente soy muy considerado, así que trato de no llevar mi pasado hacia una nueva relación.

Si en estos momentos estas pasando por el desamor, no lo reprimas. Tomate el tiempo necesario para sobrellevar lo que estás pasando para que así puedas dejarlo en el pasado. Con el tiempo, todo se puede sanar. Pero también puedes llegar a un punto donde el dolor te paraliza y empieza a envenenar tu corazón con la idea de que pueda ser dañado otra vez. Esto es el monstruo llamado desamor.

Ya basta, esto se acabo

¿Sera el odio el que dominará en nuestro futuro?
Me pregunto si alguna vez te amé o solamente me engañe
Ahora me siento como si ya no pudiera ni verte
En vez de amor, lo único que siento es dolor

Te lo di todo, incluso mi corazón
Pero al final, todo fue una decepción
Vi las señales y no quise salir de la situación
Y finalmente cometiste la última agresión

¿Cómo pudiste hacer esto en mi propia cama?
Creíste que nunca me enteraría
Pero no sabías que llegaría a casa
Y que sola no te encontraría

El dolor se ha convertido en odio
Y en vez de ver tus errores, me culpas a mí
¿Cómo puedo ser culpable yo? Si fuiste tú la que engañó
Hoy me voy, basta. Esto se acabo

Mi corazón sangra

Mi corazón está sangrando
Y los dos sabemos la razón
De pronto has cambiado hacia mí
Y hasta he llorado por lo que me haces sentir
Siempre estuve ahí para ti
Y solamente una cosa te pedí
Que siempre fueras sincera
No lo pudiste cumplir, y ahora tenemos que partir
Viajamos juntos por el mundo
Y todo lo que siempre quisimos, lo tuvimos
Llegamos a hablar hasta de matrimonio
Pero ahora han cambiado las circunstancias
Y te tendré que olvidar pronto
Aunque eso no será el problema
Es el engaño lo que molesta
Y todos esos besos que te di

¿Mentiste todo el tiempo?
Yo pensé que era real
Pero sé que llegará algo mejor
Tus acciones nos destruyeron
Prometimos siempre estar ahí el uno para el otro
Nos hicimos esa promesa mientras nos tomábamos de las manos
No hice absolutamente nada para merecer esto
Y ahora tengo que terminar con este amor
Le diré a mi corazón
Que te tiene que olvidar
Y con el tiempo estaré bien, y podré comenzar de nuevo
Pero no será contigo, tú no estarás aquí
Te puedes ir a donde quieras
Ya que aquí no te puedes quedar
Ya no seré débil ante ti
Y nunca me veras llorar por ti

Tu manera de engañar

¿Cómo puedes decir que soy un ciego?
Yo sé que mientes
Me mientes todo el tiempo
Y mi enojo crece como un fuego

Si pensaste en engañar
¿Por qué no solo marcharte?
Para que quedarte aquí
Mejor terminemos esto con dignidad

Yo sabía que algo pasaba
Tu forma de actuar lo decía todo
Estabas fría y tan distante
Pero te equivocaste

Es gracioso como la verdad siempre sale
Y ahora no puedes negarlo
Tu error reveló lo que escondías
¿Para qué seguir ocultándolo?

No hay excusas
Para causar ese tipo de dolor
Solo quería que fueras honesta
Pero en estos momentos solo me causas pena

Terminaste con nuestro hogar
Y tu engaño solamente causó dolor
Espero que haya valido la pena
Ya que el día de hoy sola te encuentras

Te di una oportunidad
De dar por terminado lo que teníamos
Y aun así me rogabas que me quedara
¿Entonces por qué me engañaste después de todo eso?

¿Por qué me lastimas?

¿Por qué me tratas así?
Te amé tal y como me amaba a mí mismo
Y simplemente no lo supiste valorar
¿Por qué me saludaste?

¿Cómo fue que me encontraste ahí?
Jamás pensé ahí encontrarte
Fui solo para mostrar apoyo, lealtad
Y me encontré contigo, fue como una condena

He tratado de olvidarte
Pero es difícil ya que siempre estás en mi mente
Y aunque por ti solo siento rencor
Ahora entiendo la línea tan delgada que existe entre el odio y el amor

Conmigo fuiste mala
Pero no puedo negar que todavía me importas
Ahora solo tengo que protegerme
Y enfrentar esta realidad

Dices ser diferente ahora
Que estas en paz y que quieres encontrar a alguien
Pero lo que dices siempre han sido palabras
Nunca hechos

Es hora de marcharme

Hay algo que quiero confesar
Cuando tú pensabas en mí
Yo no pensaba en ti
Y ya no puedo seguir haciéndote daño
Nos hemos distanciado y nos hemos alejado
No quiero que vayas a tener resentimientos hacia mí
Así que lo mejor que puedo hacer
Es desaparecer

Puedes quedarte con la casa
Y hasta las llaves te daré
No puedo seguir viviendo aquí
Es hora de marcharme
Y sé que parte de esto, también es mi culpa
Yo sabía que esto pasaría
Debí haber hablado antes
Y darnos la oportunidad de resolverlo

Me alejaste
Y no supiste manejar la situación
Me abandonabas por días
Y esos días se convirtieron en semanas y en meses
Solo seguíamos la rutina
Y sabes que no somos felices
Ya no creo que haya salvación
Y eso siempre fue el temor

Pensé que podíamos funcionar
Pero me equivoque, discúlpame
Los dos nos merecemos mucho más
Así que me tengo que marchar

El enojo dentro de ti

Puedo sentir tu espíritu
Entrando a la habitación
¿Por qué tienes tanto resentimiento?
¿Qué te hice yo?

¿Por qué no estamos bien?
¿Por qué el odio creció?
¿Cuándo fue que te apagaste?
¿Cuándo dejó de importarte?

Las cosas no tienen que estar de esta forma
Habla conmigo, desahógate
Si no me puedes decir que está pasando
No podremos encontrar una solución

¿Para qué me pides que me quede entonces?
Si lo sentías en tu corazón
Y si las cosas continúan de esta manera
Nuestra relación aquí terminó

La verdad me duele
Que estemos en este punto
Este el sonido del desamor
Un sonido que se convierte en ruido

Y este enojo dentro de ti
Cualquiera lo puede ver
Y si no me das ni una señal
Simplemente esto será el final

Historia de amor

¿Qué le pasa al corazón cuando está roto?
¿Será difícil volver a empezar?
Si has pasado por el juego del amor
Entenderás perfectamente a lo que me refiero

No quiero intentar una y otra vez
¿Será esto lo que le espera a mi futuro?
Nunca ha sido divertido pasar por el desamor
¿Evitarlo sería mejor?

Recuerdo cuando me enamoré
Y el cómo me hacía sentir
Invertimos tanto tiempo a esto
Y todo para que al final termináramos

No quiero repetir
La misma historia de amor
Y en verdad creo yo
Que ya sé la solución

Seré más paciente
Confiaré en mi mente y en mi corazón
Pero tiene que haber algún tipo de estabilidad
Antes de que entregue de nuevo el corazón

Esta historia ha sido dolorosa
Y la estoy tratando de superar
Quiero estabilidad, y sé que la puedo lograr
Puedo sobrellevar esto y el amor de nuevo encontrar

Has revelado la verdad

En verdad me lastimaste anoche
Me hiciste hasta llorar
Ni mis ojos lo podían creer
Como alguien más tocaba tu piel
Fue como si todo fuera un sueño
Un sueño que me dejó tan aturdido

Y no te culparé solamente a ti
Ya que yo ignoré lo que sentía
Vi todas las señales de alarma
Y mi intuición me lo decía
Pero mi corazón no lo quería ver
Y ahora está roto, sin poderse defender

Ahora veo la realidad
Nunca hubo un nosotros
Solo hubo un tú y un yo
Pensé que entre nosotros existía el amor
Pero esa fantasía no existió
Todo fue una mentira
Y ahora estas arrepentida

Te tengo que dejar ir
Aunque por ti todavía siento amor
Te tengo que decir adiós
Adiós

El comienzo del final

Acabamos de discutir
Hasta terminar enfurecidos
Aun así decidimos hablar
Y nuestros sentimientos expresar
Hablamos de la forma en que nos sentíamos.
Mientras estábamos en el auto
Evitábamos nuestras miradas y nos preguntábamos
Hasta donde hemos llegado

Después algo pasó
Nos tomamos de la mano
Y empezamos a llorar
Hablamos de nuestra relación
Yo te dije lo que sentía
Y tú lo hiciste también
Te dije que siempre serias parte de mí
Y en mi corazón siempre te tendré

No pude igualar la intensidad
De lo que dijiste con tus palabras
Pero sentía lo mismo que tu
Sabía que todavía nos amábamos
Pero nuestras circunstancias habían cambiado
Quedarnos juntos solo sería peor
Necesitamos terminar por las razones correctas
Y terminar era lo mejor

Yo no quería terminar
Ya que nos amábamos con tanta intensidad
Si nosotros queríamos lo opuesto
¿Por qué la vida nos hizo esto?

Estoy dispuesto a cambiar

No puedo creer que pasó de nuevo
Ya no tengo voluntad, ¿será este el final?
Mi corazón está sufriendo por estar roto
Ya que la vida no es la misma, desde que perdí a mi mejor amiga

Me lo digo una y mil veces
Que algún día volveré a sonreír
Pero hasta que ese día llegue
Trataré de sobrevivir

Ojalá que no te hubieras ido
¿Por qué no te supe valorar?
Di por hecho nuestro amor
Y de repente solo había dolor
Ojala que no te hubieras ido

Te necesito en mi vida
Y no sé cómo sanar esta herida
Créeme cuando te digo
Que un mejor hombre seré
Yo sé que puedo cambiar mi forma de ser
Y contigo, sé que lo lograré

Hare que te enamores de mí perdidamente
Y te mostraré lo que vales para mi
Nuestro pasado no se volverá a repetir
Solo quiero sonreír
Estoy dispuesto a cambiar

Capítulo 5 - ¿Solucionarlo u olvidarlo?

He pasado por el desamor en el pasado y sé que algunos de ustedes también lo han vivido antes. Una de las decisiones más difíciles que algunos tenemos que tomar es cuando una persona que amábamos regresa a nuestras vidas nuevamente. Si fue alguien por quien sentías un cariño muy profundo y a la cual amabas, es difícil mantener cerrado ese capítulo. Claro, hay excepciones dependiendo de cómo terminó la relación. Una de las preguntas que se vienen a la mente es, "¿Solucionarlo u olvidarlo?" Yo personalmente he estado en esta situación en mi vida. Y una de las primeras preguntas que me hice a mí mismo fue, ¿por qué termino la relación? ¿Por falta de confianza? ¿O simplemente no era en el momento correcto? Es muy frustrante pensar en las consecuencias de regresar con un amor del pasado. ¿Pasará lo mismo de nuevo o esta vez sí funcionará?

Cuando yo tuve que encarar esta situación, me hice dos preguntas. ¿He cambiado yo? ¿Esa persona cambio también? ¿Mejoramos como personas o hicimos algunos cambios? Si somos las mismas personas, ¿qué va a ser diferente si lo intentamos otra vez? Cada situación puede ser diferente. En mi opinión, creo que la mejor forma de tomar una buena decisión es no basarse solamente en lo que sentimos. El reto es hacer una evaluación y tomar una decisión mientras estés pensando claramente sobre la situación. Esto quiere decir que no solamente debes de tomar en cuenta tus sentimientos, pero también que veas todas las consecuencias que esta decisión podría traer.

Una pregunta que siempre te debes de hacer es, ¿soy mejor persona con él o ella en mi vida? La respuesta a esta pregunta te ayudará a tomar una decisión en la cual sabrás si debes intentarlo de nuevo con esta persona o cerrar ese capítulo de una vez y por todas. ¿Cuál será tu respuesta? ¿Solucionarlo u olvidarlo?

Caminar por el parque

Recuerdo cuando solíamos caminar por el parque
Y veíamos las aves volar
Nos quedábamos ahí hasta oscurecer
Ya que había tantas cosas que ver

Caminábamos juntos lado a lado
Y nos sentábamos en esa banca
Hablábamos del futuro espectacular
De cómo nunca nos íbamos a dejar

Esos fueron los mejores días
Cuando nuestro amor era fuerte y era bueno
Estábamos siempre tan conectados
Sin ni siquiera hablar, en esa banca abrazados

Mientras caminábamos por el parque
Hablábamos de todo
Ese era nuestro santuario
En el invierno y el verano

Que bellos recuerdos
Y todo era tan hermoso
Algunas veces quisiera regresar
¿Pero será mejor olvidar?

Adiós amor, adiós

Me he dado cuenta esta mañana que nunca te dije adiós
Y ahora que tengo un nuevo amor, tengo que tratar
Aunque una vez estuviste en mi pasado
Por alguna razón, no te he olvidado

Siempre te tendré en mi corazón
Pero ahora, es mi oportunidad de empezar de nuevo
Mi amor actual, es verdadero y es real
Un nuevo compromiso llega, y te tengo que olvidar

Me he dado cuenta que nunca te olvide completamente
Pero siempre lo ignore tal vez por mi orgullo
El día de hoy me acorde de ti, pero no fueron buenos recuerdos
Decidí poner un alto y no recordar todos nuestros desacuerdos

Nuestros caminos se han cruzado una vez más
Pero recuerdo como antes no quisiste esperar a la felicidad
Y ahora tengo la oportunidad de olvidarte
Soy mejor persona y soy más fuerte

En verdad me tenías envuelto
Pero me prometí a mí mismo, no volver a caer
Ahora sé que lo debo de hacer
Y en el pasado por siempre te voy a dejar

Un amor nuevo crece en mí
Y a mi corazón tengo que seguir
Adiós amor, adiós

¿Será un error?

Pienso en ti todo el tiempo
Y a mi corazón aun lo haces palpitar
Aunque trate de dejarte atrás
Nuestro amor no lo puedo olvidar

Pienso en todos esos recuerdos
Y en los momentos que compartimos
Aún recuerdo como me sentía
Cuando verdaderamente tu amor me correspondía

No puedo olvidar nuestro amor
No puedo negar que fue verdadero
¿A caso fue toda una ilusión?
¿Habré tomado una buena decisión?

Pensé que nos estábamos encontrando de nuevo
¿Cómo me pude haber equivocado?
¿Volveremos a vivir la misma situación?
¿A caso cantaremos la misma canción?

No sé qué hacer
Estoy tan confundido
¿Será una mala decisión regresar contigo?

Me cuesta tanto decidir
Y no quiero tomar una decisión
Cualquier camino que tome
Será una equivocación

Te extraño

Extraño esos momentos
Cuando estábamos juntos
Como deseo que esos momentos
Hubieran sido por siempre eternos

Tocaste mi interior
Y de tu risa llenaste mi corazón
Pero jamás dejaste notar
Que un día quisieras terminar

Extraño lo que compartimos
Y ojalá que lo pudiéramos vivir de nuevo
No te puedo olvidar
Ya que un amor como el tuyo es difícil de encontrar

Amaba verte sonreír
Y amaba tu aroma
Mil veces me hacías derretir
Con solo tenerte en frente de mí

Tenías mi corazón
En la palma de tu mano
Y ahora has dejado en mi mente una herida
Y mi alma muy abatida

Cuando estaba contigo
Mi día nublado se llenaba de sol
Y ahora te extraño demasiado
¿Sera que puedes regresar amor?

Dejé atrás el enojo

Tú aun crees que estoy enojado
Pero eso no es verdad
Las cosas en el pasado las dejé
Y mis propias culpas acepté

Algunas veces somos forzados a tomar una salida
Que no sabíamos que había
Me perdí en el dolor
Pero ahora mi fuerza regresó

He sacado todo el sufrimiento
Que trajiste un día a mi vida
Lo usé para mejorarme
Y no voy a llorar, no voy rendirme

Muchas lágrimas he llorado por ti
Pero me he dado cuenta que estoy mejor sin ti
Me buscaste hace unos días
Pero no tengo nada que decir

No abriré esa puerta de nuevo
Y te mantendré en mi pasado
Sería un tonto si me dejo lastimar otra vez
Ya que ahora tengo un poco más de sensatez

Tengo que dejarlo atrás

Lo que ahora dices
No representa nada para mí
Solo son palabras
Y no hay nada de qué hablar
Estoy en un momento donde quiero terminar
Te amo tanto y sé que esto dolerá
No puedo seguir viviendo en este dolor
No quiero convertir en odio este amor

Faltaste a tu promesa por mucho tiempo
Deje que se saliera de control
Mientras yo anhelaba tu calor
Solo jugabas con mi amor
Te has convertido en una carga
Y esto hasta un ciego podría verlo
Te sientes con tantos derechos
¿Pero quién te los dio a ti?

No tienes ningún derecho de tratarme así
Y te has aprovechado de mí
No me gustan las discusiones, ya no tengo nada que decir
Y las peleas que tu creas, ya no las voy a seguir
He llegado al punto en que no quiero estar aquí
No quiero llegar a casa porque sé que se aproxima una pelea
Odio el distanciamiento y no quisiera que esto terminara
Pero desafortunadamente tengo que escuchar a mi corazón

Sé que nos dolerá a los dos
Y mi corazón por siempre te extrañará
Pero tengo que poner un alto a esta situación
Mi amor, tenemos que terminar, tenemos que decir adiós

No me digas

Cuando nos conocimos había un fuego entre nosotros
Y hablábamos del futuro de nuestro deseado amor
Pero todo fue cambiando
Llegó un punto en el que no supe en que estabas pensando

No entiendo, pensé que nuestro amor seria eterno
Recuerdo cuando te conocí
Y desde el principio mi corazón te di
¿Por qué me has hecho esto a mí?

No me digas que me quieres
Cuando mientes fácilmente
No me digas que quieres estar conmigo
Cuando estás pensando en marcharte
No me digas que me amas
No me digas cosas que no son verdad, no me las digas

Seré fuerte durante este sufrimiento
Y sé que esto pasará en algunos días
No estaré triste por siempre y no me conformaré
Sé lo que valgo, y me merezco lo mejor
Y sé que algún día lo voy a encontrar

No quiero escuchar lo que tienes que decir
No me digas por favor

Todavía te amo

Rompiste mi corazón en ese día de Febrero
Y para mi sorpresa, solo te diste la vuelta y te marchaste
No te diste cuenta en el estado terrible de ánimo me dejaste
No había razón alguna para que me hicieras eso

Aun hasta el día de hoy no puedo dejar de soñarte
Esos pensamientos no me dejan vivir ya que siempre estás en mi mente
Lloré por ti hasta que mi corazón llovió tal como si fuera un huracán
Pero los recuerdos no me dejan de atacar

¿Cómo puedes olvidar todos esos recuerdos que compartimos?
Yo sé que aun sientes algo por mi
No dejemos que nuestro amor muera y volvamos a intentar
Aun creo que tenemos otra oportunidad de comenzar

Todavía estoy enamorado de ti
Y se muy dentro de mí que esto es verdad
Sé que aun estas enamorada de mi
Vamos a darnos la oportunidad de ser feliz

Tu juego de amor indeciso

Un día me di cuenta
Que tan mala estabas siendo conmigo
Y aunque sé que el amor está ahí dentro
Pareciera como si no lo estuviera
Cuando me acerco hacia ti
Tú te alejas de mí
Y cuando decido marcharme
Me dices que no quieres terminar

Veo en tus ojos
Tratando de ver lo que tú ves
Pero me siento tan ciego
Ya que lo que dices no va con lo que dices sentir
Estas haciendo un tonto de mí
Y no te voy a perseguir
¿Por qué esperas hasta que decido marcharme
Para decirme que no quieres dejar de amarme?

Veo en tus ojos
Y hacen que me dé cuenta
Que el tiempo no lo acepta
Y el amor se está alejando
Aunque un día creí en nosotros
Y pensaba que podía funcionar
Me he dado cuenta que solo fue un sueño
Que solo era una fantasía, y nada era realidad

Este juego de amor indeciso
Conmigo acabó
Mi corazón no lo puede soportar más
Creo que esto será otro desamor
Si lo nuestro va a pasar
Dejemos que pase
Pero si no, entonces vamos a dejarnos en libertad
Este juego, ya no quiero jugar

Reconectándote con tu energía

Ha pasado ya mucho tiempo
Desde la última vez que escuché tu voz
Últimamente has estado en mi mente
Pensé que una reconciliación se haría presente

Me contactaste de la nada
Y en verdad fue una sorpresa
No sé qué pensar de ti
No te reconocí

Decidimos volvernos a ver
Platicar y ver si nos entendíamos otra vez
Pensé que ya te había olvidado
Que todos estos sentimientos en el pasado se habían quedado

No quiero precipitar las cosas
No quiero repetir el pasado
Quiero volver a conocerte como la primera vez
Y no cometer la misma estupidez

Estaría dispuesto a una reconciliación
Con tal de que no volviéramos a vivir lo mismo
Los dos teníamos que madurar un poco
¿Pero qué tal si me equivoco?

Conclusión

Gracias por leer "Poemas de amor: ¿Serás tú?" (Love Poems: Are You the One?). Hubo muchos temas que se discutieron en este libro. Espero que te hayan hecho ver las cosas de diferente manera y que te ayuden para que puedas aclarar algunas dudas en esas situaciones que estás viviendo. El amor es un tema muy amplio del cual hay demasiado que se puede discutir. Este libro habló de muchas situaciones a las que muchos de nosotros no enfrentamos en este camino del amor. Esperen los próximos libros de Steve Ryan.

Steve Ryan es un exitoso cantante, compositor, actor y autor. Para más información sobre Steve Ryan, visiten su página web en www.SteveRyan.com . Este libro ha sido traducido por José Raúl Ayala.

Un agradecimiento muy especial para:

José Raúl Ayala
Manny Macias
Claudia Alvidrez
Monika Alvidrez
Miratti
Fedra Cooper
Nelson Martinez
Trigga Entertainment
Rhetta Butler
Steve Ryan Publishing

www.ingramcontent.com/pod-product-compliance
Lightning Source LLC
Chambersburg PA
CBHW061252040426
42444CB00010B/2368